◇ 읽다 보면 저절로 알게 되는

신비한 습관 사전

글·그림 이수인

작가의 말

받아쓰기, 구구단, 줄넘기 등은 하루아침에 잘하긴 어려워요.
하지만 매일 조금씩 습관을 들여서 하다 보면
누구든지 할 수 있는 것이기도 합니다.

지금 잘하고 싶은 것이 있나요?
이루고 싶은 것이 있나요?

꾸준한 습관이 잘하게 하고,
이루고 싶은 것을 이룰 수 있게 합니다.
물론 잘하는 것보다 최선을 다하는 것이 중요하겠죠.
우리 친구들도 미루지 말고! 지금 당장!
작은 것부터 바른이처럼 하나씩 좋은 습관을 만들어 보세요.

이수인(SOO)

차례

1장 생활 습관

- 001 아침밥의 마법 ········· 14
- 002 미리미리 챙기기 ········· 16
- 003 스스로 선택하기 ········· 18
- 004 제자리에 두기 ········· 20
- 005 운동의 마법 ········· 22
- 006 미루지 않기 ········· 24
- 007 좋은 잠의 마법 ········· 26
- 008 나의 일정 알기 ········· 28
- 009 틈틈이 하기 ········· 30
- 010 목표 세우기 ········· 32
- 011 약속 시간보다 5분 먼저 ········· 34
- 012 감사일기 쓰기 ········· 36
- 013 끝까지 마무리하기 ········· 38
- 014 집안일 돕기 ········· 40
- 015 귓속말하지 않기 ········· 42
- 016 작은 일도 제대로 ········· 44
- 017 '아무거나'는 선택이 아니야 ········· 46
- 018 잘되면 내 탓, 못되면 남 탓 ········· 48
- 019 벗은 신발 정리하기 ········· 50
- 020 배려와 양보하기 ········· 52

2장 스마트폰 습관

- 021 최신형이 좋아 ········· 56
- 022 핸드폰 사용 전에 할 일 끝내기 ········· 58
- 023 7시, 핸드폰 퇴근시키기 ········· 60
- 024 학교에선 가방에 쏙! ········· 62
- 025 잠시 꺼둘 시간 알기 ········· 64
- 026 어디에 얼마나 사용할까? ········· 66
- 027 메시지에 전전긍긍하지 않기 ········· 68
- 028 계획한 것만 보고 끝내기 ········· 70
- 029 허락한 사진만 올리기 ········· 72
- 030 개인정보 지키기 ········· 74
- 031 한 번에 한 가지 일만 하기 ········· 76
- 032 전화를 받을까? 말까? ········· 78
- 033 내려받아도 될까? ········· 80
- 034 모르는 사람과 채팅하지 않기 ········· 82
- 035 핸드폰에서 자유로워지기 ········· 84

3장 언어 습관

- 036 먼저 밝고 큰 소리로 인사하기 ……… 88
- 037 말보다 행동으로 옮기기 ……… 90
- 038 들었으면 바로 대답하기 ……… 92
- 039 바른 말 고운 말 하기 ……… 94
- 040 높임말 사용하기 ……… 96
- 041 마음 표현하기 ……… 98
- 042 긍정적으로 말하기 ……… 100
- 043 맞장구치기 ……… 102
- 044 넘치지 않게 장난치기 ……… 104
- 045 충고는 직접 말하기 ……… 106

4장 공부 습관

- 046 할 일 리스트 만들기 ……… 110
- 047 일기 쓰기 ……… 112
- 048 매일 책 읽기 ……… 114
- 049 집중해서 듣기 ……… 116
- 050 크고 또렷하게 말하기 ……… 118
- 051 모르는 것은 모른다고 말하기 ……… 120
- 052 쉬는 시간 활용하기 ……… 122
- 053 15분 아침 공부 ……… 124
- 054 체험 후 기록 남기기 ……… 126
- 055 배운 것을 내 것으로 만들기 ……… 128
- 056 독서록 쓰기 ……… 130
- 057 또박또박 글씨 쓰기 ……… 132
- 058 책상 위를 깨끗하게 유지하기 ……… 134
- 059 예습·복습하기 ……… 136
- 060 외우기보다 이해하기 ……… 138

5장 경제 습관

- 061 나에게 꼭 필요한가? 142
- 062 용돈 기입장 쓰기 144
- 063 집안일로 용돈 벌기 146
- 064 합리적인 소비란? 148
- 065 기회비용이 뭐야? 150
- 066 저금 먼저하고 쓰기 152
- 067 목표를 정하고 모으기 154
- 068 누구에게나 돈은 소중해 156
- 069 마음이 담긴 기부하기 158
- 070 주는 기쁨 알기 160
- 071 없으면 쓰지 않기 162
- 072 빌린 것은 바로 주기 164
- 073 착한 소비하기 166
- 074 아끼고! 바꾸고! 물려 쓰기! 168
- 075 쓰레기가 돈이라고? 170

6장 안전 습관

- 076 스몸비는 그만! 174
- 077 차도에 뛰어들지 않기 176
- 078 건강을 지키는 예절 178
- 079 안전한 장난감 고르기 180
- 080 투명 우산 쓰기 182
- 081 문 잡아 주기 184
- 082 수인에게 묻고 만지기 186
- 083 과학실 안전 수칙 지키기 188
- 084 복도에서 뛰지 않기 190
- 085 대중교통 안전하게 이용하기 192

등장 인물 소개

고은이
동생들을 잘 돌보는 누나.
사고 싶은 것이 많아
늘 용돈이 모자라다.
집안일을 도우면서 용돈 버는
재미를 알게 된다.

바른이
시험만 보면 늘 0점이지만 인기는 100점.
조금씩 공부 습관을 들이며
성취감이란 새싹을 키우고 있다.

막내
집안의 귀여움은 모두 내 거!
요즘 부쩍 질투도 욕심도 많아졌다.

아빠·엄마
고은이와 바른이, 막내가
좋은 습관을 들이며
바르게 자라는 것이 흐뭇하다.

1장
생활 습관

아침밥의 마법

아침밥 대신 선택한 잠은 달지만 너무 짧아 아쉽고, 늦잠으로 이어져 아침 시간을 바쁘게 만들어요. 하지만 아침밥은 두뇌를 깨우고, 하루를 활기차게 보내기 위한 힘이 되지요. 아침밥을 먹고 신비한 아침밥의 마법을 느껴 보세요.

002 미리미리 챙기기

머릿속으로만 '챙겨야지' 생각하고 있다가 까맣게 잊어버리는 경우가 많아요. 특히나 학교에 꼭 가져가야 할 준비물은 더욱 그렇지요. 그래서 시간을 정해 자기 전이나 생각이 났을 때 바로 챙기는 습관을 들여야 해요.

스스로 선택하기

선택은 아주 중요한 문제예요. 누구나 아무리 작은 것이라도 선택은 어려워요. 그래서 쉬운 일부터 차근차근 연습이 필요해요. 그래야 중요한 선택을 해야 할 때 올바른 선택을 할 수 있지요.

004

제자리에 두기

무엇이든 제자리에 있으면 정리되어 보기도 좋고, 찾기도 쉬워요. 하지만 잠깐 귀찮다는 생각에 제자리에 두지 않으면 그 물건을 찾기 위해 두세 배 또는 더 많은 시간을 들이고도 필요할 때 찾지 못해 우왕좌왕하게 된답니다.

005

운동의 마법

운동이라고 하면 체육관이나 넓은 운동장에서 해야 운동이라고 생각하기 쉬워요. 하지만 저녁 식사 후에 하는 가벼운 산책이나 줄넘기도 좋은 운동이 될 수 있어요. 꾸준히 이어갈 수 있는 운동이 좋은 운동이에요.

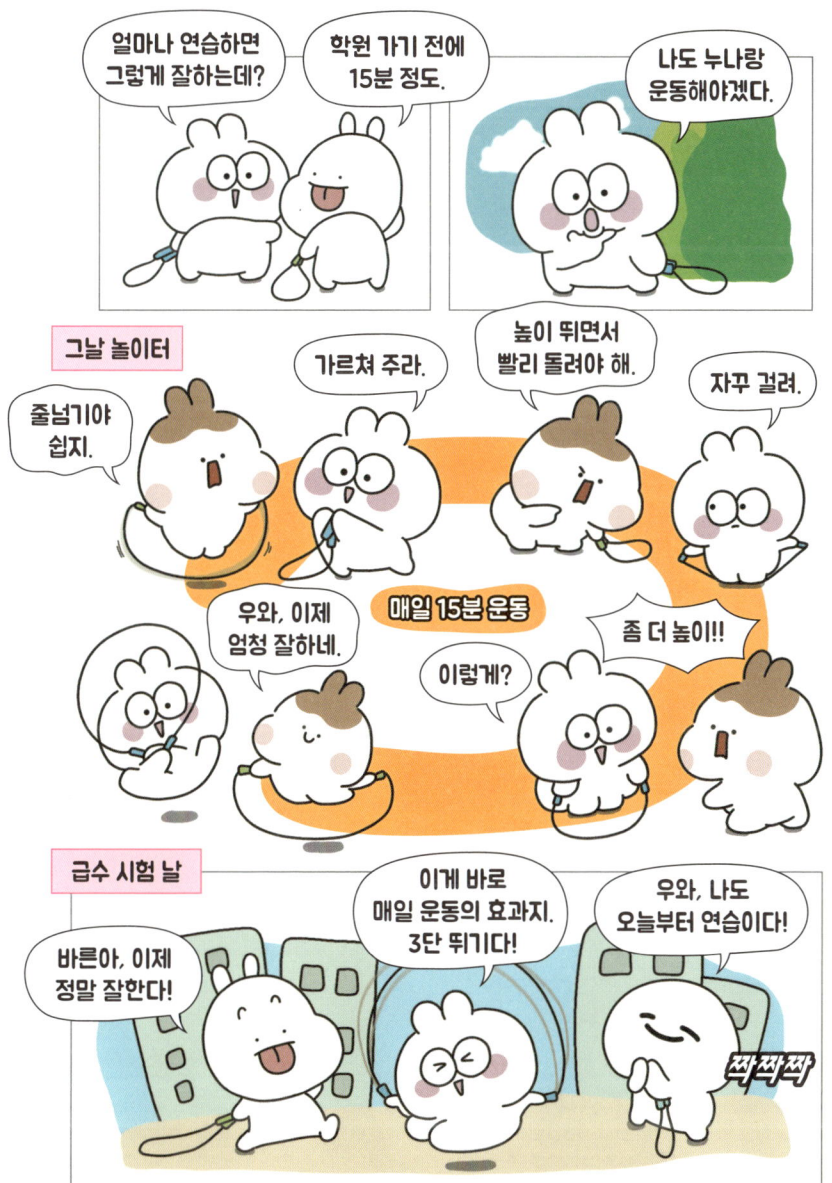

미루지 않기

주말이 되면 여유로운 마음에 할 일을 자꾸 미루게 돼요. 금요일에는 토요일에 해야지, 토요일에는 일요일에 해야지. 그러다 결국 해야 할 일을 끝마치지 못하거나 촉박한 시간에 얼렁뚱땅 마무리하게 되지요. 제대로 일을 하기 위해서는 여유가 있어야 해요.

좋은 잠의 마법

밤에는 이런저런 일을 하며 밤늦게까지 잠을 자지 않다가 아침이 되면 천근만근 무거운 눈꺼풀을 뜨지 못해 짜증을 내기도 해요. 잠은 하루의 피로를 풀고, 다음 날을 준비하는 에너지를 충전하는 시간이라는 걸 잊지 마요.

008 나의 일정 알기

오늘 내가 무엇, 무엇을 해야 할지 알고, 스스로 계획을 세울 줄 알아야 해요. 생활 계획표와 함께 해야 할 일로 체크 리스트를 만들면 빠뜨리지 않고 할 수 있지요.

009

틈틈이 하기

어떤 일을 할 때 특별히 시간을 정하여 두고 해야 할 일도 있지만, 틈틈이 비는 시간을 활용해 할 수 있는 일도 있어요. 특히 영어 단어나 한자 등은 일과 일 사이, 여유 시간 등을 활용하는 것이 효과적일 수 있어요.

010 목표 세우기

어떤 일을 할 때 목표가 있으면 좀 더 빠르게 원하는 결과를 얻을 수 있어요. 내가 가고자 하는 방향을 잘 알고 있으니 이리저리 헤맬 필요도 없고, 또 원하는 것을 이뤘으니 해냈다는 성취감과 자신감까지 얻을 수 있지요.

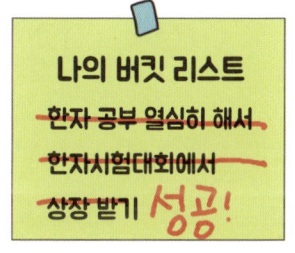

011

약속 시간보다 5분 먼저

항상 약속 시간보다 늦는 사람이 있어요. 자신은 이런저런 정당한 이유가 있다고 하겠지만, 이것은 약속을 어긴 것과 같아서 신뢰를 잃게 해요. 또 돈으로도 살 수 없는 상대의 소중한 시간을 낭비하게 만들지요.

012

감사일기 쓰기

매일 같은 일상이 지겹거나 자꾸 부정적인 생각을 하게 될 때 생각을 전환하기에 좋은 것이 감사일기예요. 일상에서 그냥 지나쳤던 고마웠던 일들을 돌아보며 긍정적이고 감사한 마음을 갖게 될 거예요.

013

끝까지 마무리하기

'작심삼일'이라는 말을 들어 봤을 거예요. 마음먹은 일을 사흘도 하지 못한다는 뜻이에요. 어떤 일을 계획할 때 처음부터 어렵고 지키기 어려운 계획을 세우기보다 욕심을 줄여 작더라도 끝까지 마무리하는 경험이 더 중요해요.

집안일 돕기

집안일은 엄마 아빠만 하는 것이라고 생각할 수 있어요. 하지만 가족이 함께 생활하며 꼭 해야 하는 일이므로 가족 모두가 서로 도와야 해요. 수저를 놓으며 식사 준비를 돕거나 빨래를 함께 개는 작은 일에서 공동체 의식이 생긴답니다.

015

귓속말하지 않기

여럿이 함께 있는 공간에서 귓속말은 오해를 낳을 수 있어요. 주변이 시끄러워 그럴 수도 있지만, 대부분이 둘만 알았으면 하는 비밀 얘기예요. 이런 말은 곁에 있는 사람에게 소외감을 주고 어색한 분위기를 만들어 좋지 않아요.

016

작은 일도 제대로

대강과 제대로는 어떤 차이가 있을까요? 맞아요. 바로 완성도예요. 같은 일을 하더라도 제대로 한 일은 뒷손이 안 가지만, 대강한 일에는 좋지 않은 결과나 뒷손이 따르게 돼요. 이왕 하는 일이라면 제대로! 열심히! 하면 어떨까요.

017

'아무거나'는 선택이 아니야

무언가를 선택해야 하는 상황에서 '아무거나'라고 말하는 경우가 있어요. 하지만 아무거나는 선택이 아니라 선택권을 포기하는 것이에요. 아무리 작은 것이라도 직접 선택하고, 그 결과에 대한 책임을 질 줄 알아야 해요.

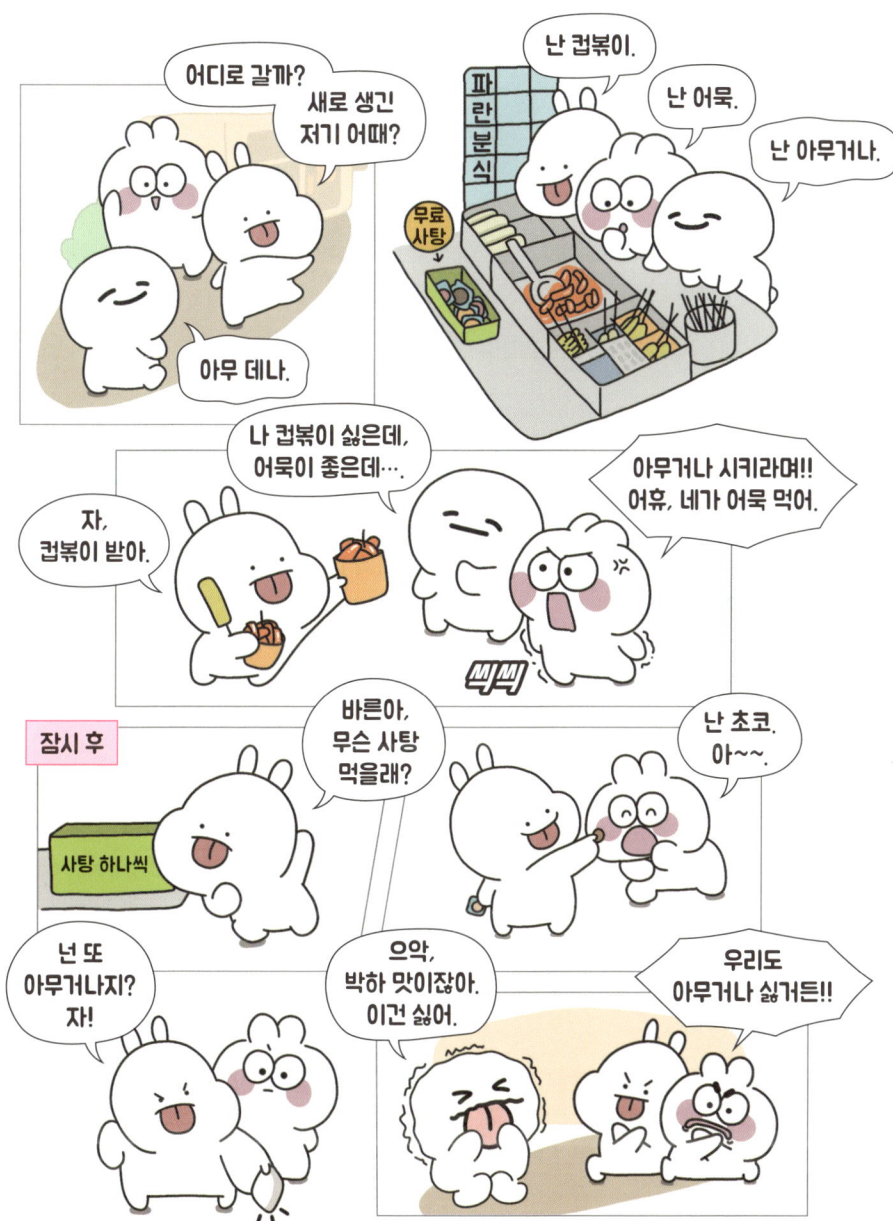

018

잘되면 내 탓, 못되면 남 탓

어떤 결과든 그렇게 된 데에는 이유와 원인이 있어요. 그런데 잘못된 결과가 나오면 그 원인을 내가 아닌 남에게서 찾아 탓하는 경우가 많아요. 원인을 남이 아닌 내 안에서 먼저 찾고 같은 일이 반복되지 않게 노력해요.

019

벗은 신발 정리하기

집에 들어갈 때 신발을 벗어 놓은 모습만 봐도 그 사람의 성격이나 몸에 밴 예의범절을 알 수 있어요. 어디든 신발을 벗고 들어갈 때는 신발을 가지런히 모아 한쪽에 놓고, 다른 사람의 신발을 밟지 않게 조심해서 들어가요.

020 배려와 양보하기

앞사람이 뒷사람을 위해 문을 잡아주거나 우산을 상대 쪽으로 기울여 내 한쪽 어깨가 흠뻑 젖는 것처럼 우리는 알게 모르게 많은 배려를 하기도 하고 받기도 해요. 이런 배려와 양보가 모여 따뜻한 사회를 만드는 힘이 돼요.

2장
스마트폰 습관

결심했어!
게임을 줄이고,
유익한 곳에 사용하겠어.

021 최신형이 좋아

무엇이든 최신에 나온 고가 제품이 좋은 것은 당연해요. 하지만 초등학생에게 이런 제품이 필요할까요? 갖고 싶은 마음보다 내 나이와 용도에 맞는 핸드폰을 사용하는 것이 합리적이고 효율적인 선택이 아닐까요?

022

핸드폰 사용 전에 할 일 끝내기

작은 핸드폰으로 할 수 있는 일은 무궁무진해요. 그래서 한번 잡으면 쉽게 내려놓지 못하고 많은 시간을 보내기 일쑤지요. 해야 할 일과 순서를 바꿔 보면 어떨까요? 핸드폰을 하고 싶어서 해야 할 일을 더욱 열심히 할 수 있을 거예요.

7시, 핸드폰 퇴근시키기

보통 하루 한두 시간으로 사용 시간을 정하고 핸드폰을 사용하는 경우가 많아요. 하지만 핸드폰을 하다 보면 정해진 시간만 하고 끝내기가 쉽지 않아요. 가족회의를 통해 핸드폰 퇴근 시간을 정해 보세요. 가족이 더 화목해질 거예요.

024

학교에선 가방에 쏙!

수업이 시작되기 전 핸드폰은 꺼서 가방에 넣어 두어야 해요. 끄지 않으면 혹시 전화벨이 울려 수업에 방해될 수도 있고, 책상 속에 넣어 두면 자꾸 손이 가 수업에 집중할 수 없어요. 핸드폰이 유혹한다면 내일은 집에 두고 등교해요.

025

잠시 꺼둘 시간 알기

극장이나 공공시설에서 핸드폰 때문에 눈살을 찌푸려 본 적이 있을 거예요. 특히 극장에서 영화 상영 중 통화를 하거나 밝은 화면을 자주 보는 건 집중력과 흐름을 깨뜨리는 아주 매너 없는 행동이랍니다.

026 어디에 얼마나 사용할까?

생각보다 많은 친구들이 자신이 핸드폰을 어디에 얼마나 사용하는지 모르는 경우가 많아요. 게임이나 동영상처럼 주로 놀이에 사용하다 보니 아무리 많은 시간을 해도 부족하고 아쉽기만 하지요. 나는 어떻게 사용하는지 기록해 봐요.

027

메시지에 전전긍긍하지 않기

문자나 채팅을 하다 보면 바로 답을 주거나 받지 못할 때가 있어요. 이럴 때면 자신도 모르게 마음이 조급해져 친구를 닦달하거나 서운해하지요. 만약 빨리 답을 들어야 하는 중요한 일이라면 전화 통화로 이야기해요.

028

계획한 것만 보고 끝내기

숙제나 공부를 하다가 모르는 단어나 내용을 찾기 위해 핸드폰을 사용해야 하는 경우가 있어요. 그런데 핸드폰 화면을 켜면 정작 해야 할 일은 잠깐 하고 놀이에 빠지는 경우가 많아요. 필요한 것만 찾고 바로 내려놓는 습관을 들여요.

029 허락한 사진만 올리기

웃긴 표정과 행동으로 사진 찍기가 유행이었어요. 이런 사진은 재미있지만 당사자가 허락하지 않는다면 다른 사람에게 보여 주면 안 돼요. 놀림의 대상이 되어 상처로 남을 수 있어요. 놀이는 놀이로 끝나야 놀이가 된답니다.

개인정보 지키기

이름, 나이, 핸드폰 번호, 주소, 취미, 가족관계 등 나와 관련된 다양한 내용을 개인정보라고 해요. 이런 개인정보를 모아 스팸 광고를 보내기도 하고, 보이스 피싱과 같은 사기로 피해를 입히기도 한답니다.

031

한 번에 한 가지 일만 하기

밥을 먹거나 숙제를 하며 핸드폰을 보거나 심지어 TV를 보며 핸드폰을 할 때도 있어요. 숙제도 하고, 밥도 먹고, TV도 보고, 핸드폰도 하는 것처럼 보이지만 사실 한 가지에도 제대로 집중하지 못한 것이랍니다.

032

전화를 받을까? 말까?

종종 모르는 번호로 전화가 걸려 온 적이 있을 거예요. 이럴 때면 받아야 하나, 말아야 하나 고민이 되지요. 하지만 어린아이에게 모르는 사람이 전화할 일은 없어요. 이런 전화는 끊고, 수신 거부하면 된답니다.

033

내려받아도 될까?

동영상 등을 보다 보면 중간중간 많은 광고가 나타났다 사라져요. 그중에는 호기심을 불러일으켜 스스로 클릭하게 하거나 끄려다 잘못 눌러 다운로드가 되어 버릴 때도 있지요. 이런 광고들은 어린이에게 좋지 않은 것이 대부분이랍니다.

그날도 나는 핸드폰에 빠져 있었다. 생각 없이 팝업창을 눌러 다운로드를 했다. 그런 충격적인 경험을 하게 될 줄은 꿈에도 몰랐다. 두-둥!

모르는 사람과 채팅하지 않기

모르는 사람과 채팅해 본 적이 있나요? 보이지 않는 채팅창 속 친구는 왠지 마음도 잘 통하고, 내 마음도 잘 알아주는 것 같아 무엇이든 털어놓아도 될 것 같아요. 하지만 핸드폰 속에 숨은 사람은 친구가 아니라 친구를 가장한 나쁜 사람일 수도 있답니다.

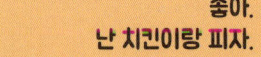

035

핸드폰에서 자유로워지기

365일 24시간 잠을 잘 때도 옆에 있어야 마음이 편안해지는 핸드폰. 그런데 신기하게도 옆에 없을 때 우리는 더 자유롭고, 어떤 일에 집중할 수 있어요. 매일 핸드폰과 이별하는 시간을 가져 보면 어떨까요? 다시 만났을 때 더 재미있게 놀 수 있을 거예요.

3장
언어 습관

036
먼저 밝고 큰 소리로 인사하기

길에서 웃어른이나 친구를 만났을 때 어색해서 그냥 모른 척 지나가거나 고개만 까딱하는 친구들이 있어요. 인사는 인간관계에서 가장 기본이 돼요. 밝고 큰 소리로 먼저 인사해 보세요. 마음도 가볍고 더 친한 사이가 될 거예요.

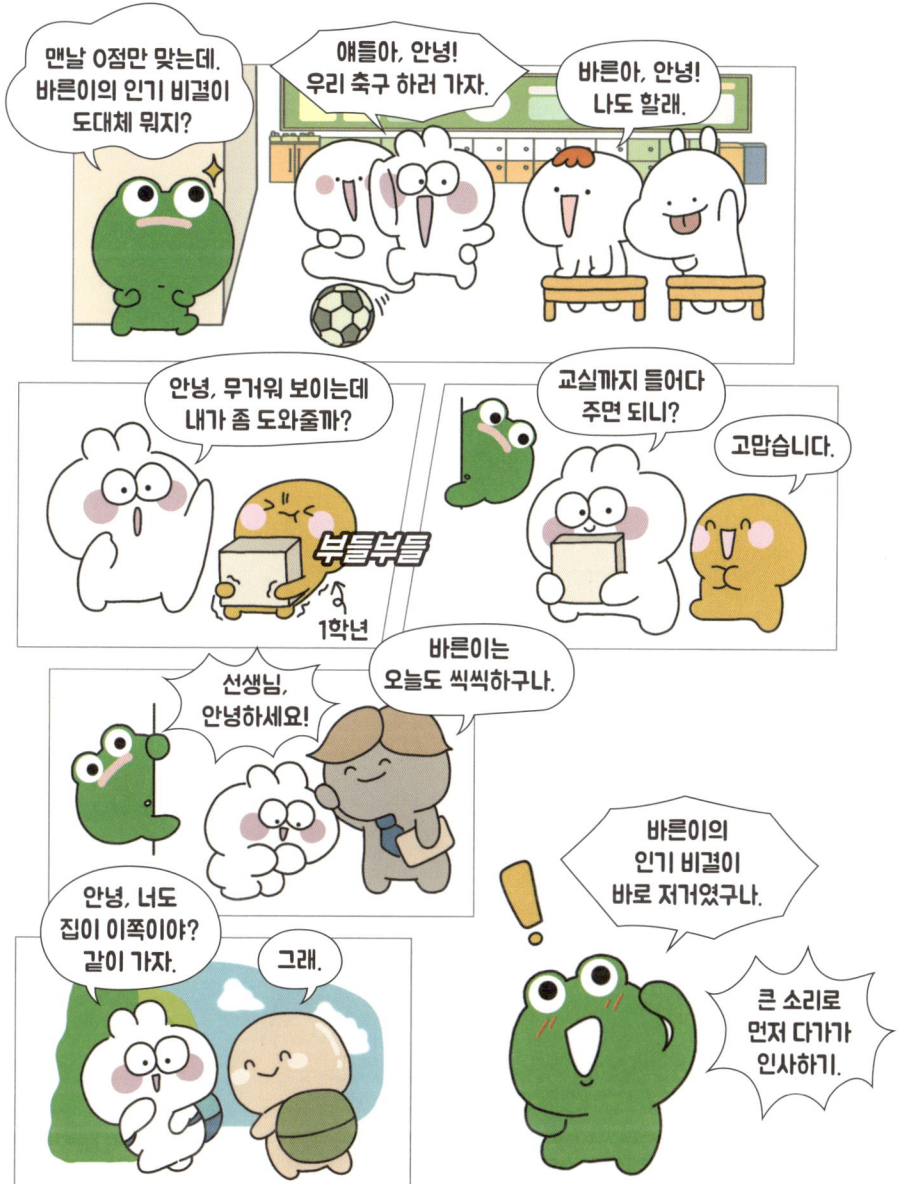

말보다 행동으로 옮기기

때때로 우리는 '공부할 거야, 금방 끝낼 거야'처럼 '~할 거야'라는 말만 하고 행동으로 옮기지 않는 일들이 많아요. 내가 해야 할 일이라면 말보다 행동으로 바로 옮겨 보면 어떨까요?

038

들었으면 바로 대답하기

옆에서 말을 했는데, 친구가 들었는지 못 들었는지 아무런 반응이 없으면 때때로 민망할 때가 있어요. 그럼 다시 같은 말을 반복해야 하니 말하는 사람도 듣는 사람도 기분이 좋지 않지요. 들었을 때는 바로 대답해요.

039

바른 말 고운 말 하기

친구들과 이야기할 때 줄임말은 기본이고, 욕이나 비속어를 사용하여 말하는 친구들이 있어요. 친한 사이끼리 괜찮다고 생각할 수 있지만, 그럴수록 더욱 예의를 잘 지켜야 오랜 친구로 남을 수 있답니다.

040 높임말 사용하기

높임말은 웃어른을 공경하는 마음이 담긴 말이기도 하고, 상대를 배려하는 말이기도 해요. 남을 높이면 내가 낮아진다고 생각할 수 있지만, 이런 말을 하는 나 역시 예의 바르고 멋진 사람이 되지요.

041

마음 표현하기

어릴 때는 '사랑해요'라는 말과 함께 속상한 마음, 기쁜 마음 등 다양한 감정을 잘 표현해요. 하지만 나이가 들면서 이런 말들이 쑥스러워져 표현을 점점 안 하게 돼요. 하지만 감정은 표현해야 상대가 내 마음을 알 수 있답니다.

042 긍정적으로 말하기

좋은 일에서 부정적인 말은 기분을 상하게 하고, 나쁜 일에서 부정적인 말은 일어설 힘을 빼앗아요. 하지만 긍정적인 말은 좋은 일을 더 기쁘게 만들고, 나쁜 일을 별일 아닌 일로 만들어 툭 털고 일어설 힘이 되지요.

043 맞장구치기

말을 할 때 어떤 사람과는 끝없이 말이 이어지는데, 어떤 사람과는 말이 뚝뚝 끊기며 어색해질 때가 있어요. 이것은 서로 맞장구를 어떻게 치느냐에 따라 달라지지요. 공감하는 마음과 폭넓은 지식은 맞장구를 잘 칠 수 있는 좋은 재료예요.

넘치지 않게 장난치기

나만 재미있다고 장난이 아니에요. 나와 상대가 모두 즐거워야 장난이 될 수 있어요. 만약 상대가 내 장난에 힘들어한다면 이것이 말이라도 폭력이 될 수 있어요. 장난을 칠 때는 넘치지 않게 조심해야 해요.

045

충고는 직접 말하기

상대가 잘되기를 바라는 마음으로 잘못을 타이르는 것을 충고라고 해요. 그런데 이 충고를 상대가 없는 곳에서 다른 사람과 하면 아무리 좋은 충고라도 험담이 된답니다. 충고를 할 때는 당사자와 단둘이 있을 때 얘기해요.

4장
공부 습관

046

할 일 리스트 만들기

어떤 일을 할 때 계획 없이 무작정 하는 것보다 해야 할 일을 리스트로 만들면 빠뜨리지 않을 수 있어 좋아요. 또 진행 정도를 알 수 있어 시간 조절이 가능하고, 할 일이 끝난 후 느끼는 성취감 또한 크지요.

047

일기 쓰기

일기를 써야 하는 이유를 '숙제니까'라고 하는 친구들이 많을 거예요. 하지만 일기는 나의 추억 기록장이자 글쓰기 선생님이에요. 매일 쓰는 짧은 일기 한 편이 모여 나의 자서전이 되고, 글쓰기 실력을 키우지요.

048

매일 책 읽기

일부러 책 읽을 시간을 빼기는 쉽지 않아요. 아침에 일어나 양치를 하는 것처럼 책 읽기도 습관이 되어야 해요. 머리맡에 항상 책을 놓아두고 잠들기 전이나 아침에 일어나서 단 5분이라도 책을 읽는 습관을 만들어 봐요.

049

집중해서 듣기

어떤 일을 할 때 호기심을 가지고 집중하다 보면 눈이 반짝이고 귀가 쫑긋해져요. 이렇게 열심히 듣다 보면 더 잘 이해할 수 있고, 신기하게 재미없던 것도 재밌어지지요. 내가 집중하면 모든 일이 재미있어진답니다.

크고 또렷하게 말하기

말을 할 때 너무 작은 목소리는 들리지 않아 주위를 산만하게 하고, 너무 큰 목소리는 거부감으로 얼굴을 찡그리게 해요. 다른 사람과 말을 할 때는 또렷한 목소리로 눈을 맞추며 이야기해야 정확한 의사전달이 될 수 있어요.

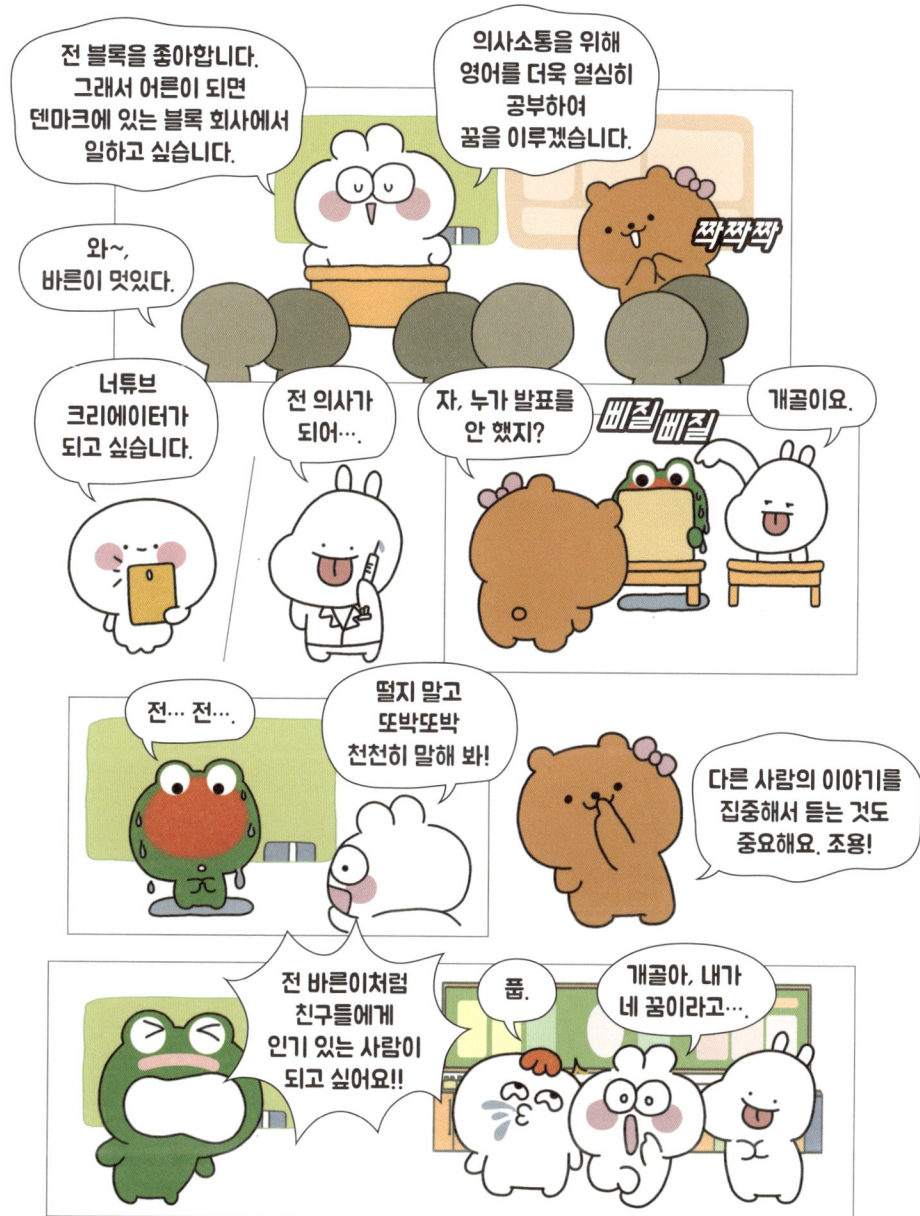

모르는 것은 모른다고 말하기

이야기를 나누거나 수업 시간에 잘 이해가 되지 않는 부분이 나오면, 나만 모르는 것 같아 창피한 생각에 그냥 지나칠 때가 많아요. 모르는 것은 그때그때 질문하여 해결하는 것이 다음을 위한 좋은 선택이랍니다.

쉬는 시간 활용하기

쉬는 시간엔 화장실을 다녀와서 수다를 떨거나 장난을 치며 보내게 돼요. 다음 시간을 위해 쉬는 것도 좋지만, 예습·복습을 한다거나 책을 읽기에도 좋은 시간이지요.

053

15분 아침 공부

하루 중 가장 머리가 맑은 시간이 아침이에요. 등교 준비를 하고 식사를 마치면 그 어느 때보다 머리가 맑아져요. 등교하기 전 남는 시간을 활용해 오늘 해야 할 일을 한 가지 끝내 보면 어떨까요?

054

체험 후 기록 남기기

'백문불여일견'이라는 말이 있어요. 직접 경험한 것이 백 번 듣는 것보다 낫다는 말이지요. 하지만 경험도 시간이 지나면 잊혀지게 돼요. 체험학습 후에는 무엇을 보고 무엇을 느꼈는지 정리해 두면 나만의 자료집이 된답니다.

055

배운 것을 내 것으로 만들기

요즘 학생들은 학교에서도 배우고, 학원에서도 배워요. 그리고 학교나 학원에서 내준 숙제를 하며 공부했다고 말하지요. 그러나 이것은 공부가 아니에요. 공부는 배운 것을 내 것으로 만드는 것이 진정한 공부랍니다.

056

독서록 쓰기

책을 금방 읽고도 주인공 이름을 기억하지 못할 때가 있어요. 정독이 아니라 빠르게 훑어보았기 때문이에요. 독서록을 쓰면 기억하지 못했던 부분을 다시 찾아보고, 이야기의 흐름을 되짚어볼 수 있어 좋아요.

057

또박또박 글씨 쓰기

저학년 때는 반듯하던 글씨가 고학년이 될수록 휘갈겨 써져 도리어 지렁이처럼 구불구불해져요. 글씨를 보면 그 사람을 보지 않고도 성격을 알 수 있다고 해요. 공책을 펼쳐 내가 쓴 글씨를 확인해 보세요. 어떤가요?

058

책상 위를 깨끗하게 유지하기

책상에 산처럼 쌓인 물건들 때문에 책상에서 공부할 수 없는 친구들이 있을 거예요. 치워도 다시 쌓이고, 치워도 다시 쌓이는 물건들. 어떻게 해야 할까요? 답은 처음부터 쌓이지 않게 바로바로 치우기랍니다.

059 예습·복습하기

예습·복습이라고 하면 굉장히 어려울 것 같지만, 예습은 수업 시간에 배울 내용을 교과서로 미리 읽는 것이면 충분해요. 또, 복습은 그날 배운 것을 정리하며 이해하지 못한 부분을 다시 보고 이해하면 된답니다.

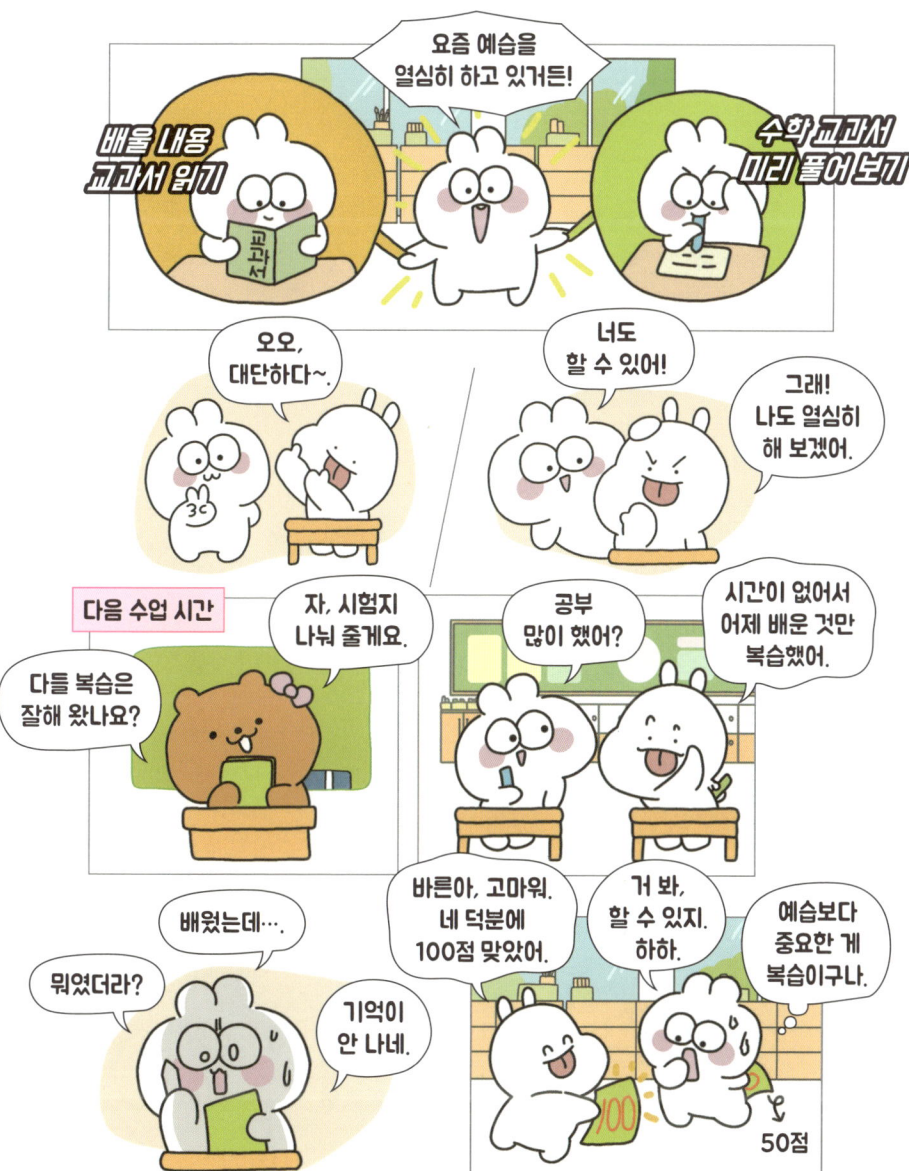

060

외우기보다 이해하기

이해한 것과 외운 것 중 어떤 것이 더 오래 머릿속에 남을까요? 맞아요. 이해한 것이에요. 처음에는 이해하는 게 힘들고 시간이 걸리겠지만, 무작정 외우기보다 이해하려 노력해 봐요.

5장
경제 습관

061

나에게 꼭 필요한가?

문구점에 가면 꼭 필요하지 않은데도 예쁘다며 이것저것 사 올 때가 있어요. 꼭 필요한 것이 아니니 필통이나 서랍 안에서 이리저리 뒹굴다 시간이 지나면 버려지죠. 무엇이든 사러 갈 때는 꼭 필요한 것만 메모해서 이것만 구매해요.

062

용돈 기입장 쓰기

용돈을 받으면 얼마 되지 않아 쓴 곳도 모르게 사라지곤 해요. 아무리 생각해도 어디에 썼는지 알 수가 없어요. 용돈 기입장은 용돈의 흐름을 한눈에 확인할 수 있어 불필요한 소비를 줄일 수 있답니다.

063

집안일로 용돈 벌기

용돈이 부족하거나 더 필요할 때는 부모님께 더 달라고 조르기보다 집안일이나 심부름을 하여 용돈을 버는 것도 좋은 방법이에요. 부모님을 도울 수도 있고, 스스로 일을 하고 번 것이기 때문에 돈의 소중함을 더 느낄 수 있지요.

064

합리적인 소비란?

무조건 물건이 싸다고 나쁜 것도 비싸다고 좋은 것도 아니에요. 내 수준에 맞는 튼튼하고 쓸모 있는 물건이 가장 좋은 물건이지요. 쇼핑하러 갈 때는 미리 장바구니 등을 준비해 가면 불필요한 소비도 줄일 수 있어요.

065

기회비용이 뭐야?

기회비용이란 같은 금액으로 어떤 것을 선택하는 것이 더 큰 가치를 얻을 수 있는지를 말해요. 돈은 한정되어 있고, 사고 싶은 것은 많으니 그중 가장 큰 가치가 있는 것을 선택해야 하지요.

066

저금 먼저하고 쓰기

저금은 모아둘 돈으로 쓰지 말아야 할 돈이에요. 그런데 먼저 쓰고 저금하려고 하면 남은 돈이 없어요. 그래서 정해진 돈을 먼저 저금하고, 남은 돈을 쪼개 필요한 곳에 사용하는 것이 순서랍니다.

목표를 정하고 모으기

목표 없이 저금하면 중간에 돈이 필요할 때 자꾸 꺼내서 쓰게 돼요. 하지만 목표를 정하면 용도가 정해져 있어 중간에 허무는 일이 없고, 목표를 빨리 이루기 위해 검소하게 생활할 수 있어요.

068 누구에게나 돈은 소중해

어른 중에도 얻어먹기만 하고 자기 돈은 쓰지 않으려 하는 사람이 있어요. 과소비하는 것은 나쁘지만 서로 균형을 맞춰 주고받아야 부담스럽지 않은 관계를 유지할 수 있답니다.

마음이 담긴 기부하기

가족이 아닌 사람을 도와 본 적이 있나요? 짐을 들어주는 것처럼 마음만 있다면 쉽게 도울 수 있는 일이에요. 기부도 같아요. 대단한 거금이 아니라 마음이 담긴 적은 금액들이 모여 많은 사람을 돕는답니다.

070

주는 기쁨 알기

생일이나 크리스마스처럼 기념일이 되면 엄마 아빠, 할머니 할아버지께 용돈도 받고, 선물도 받아요. 그런데 어른들 생신 때는 어떤가요? 혹시 '축하드려요!'라는 말 한마디로 지나가고 있지 않나요? 받는 기쁨만큼 주는 기쁨도 크답니다.

071

없으면 쓰지 않기

친구들과 음식을 먹거나 문구점에 물건을 사러 갔다가 돈이 부족해 친구에게 빌려 본 적이 있을 거예요. 그렇게 한 번 두 번 빌리다 보면 자신이 가진 돈보다 많은 돈을 쓰게 되지요. 돈이 부족할 때는 물건을 내려놓아야 해요.

072

빌린 것은 바로 주기

무엇인가 빌려줄 때는 빌리는 사람이 잘 쓰고 빨리 돌려주리라 생각해요. 하지만 막상 빌려준 물건이 고장 나서 돌아오거나 돌려주지 않는다면 무척 당황스러울 거예요. 돈이든 물건이든 빌린 것은 잘 쓰고 빨리 돌려주어야 해요.

073

착한 소비하기

물건을 고를 때 꼭 필요하고 오래 쓸 수 있는 것을 고르는 것이 합리적인 소비라면, 착한 소비는 바른 생산 과정을 보는 것이라고 할 수 있어요. 쉽게 지나칠 수 있는 착한 소비에 관심을 가져요.

074 아끼고! 바꾸고! 물려 쓰기!

쓰지도 않는 물건을 쌓아두기만 하면 그냥 짐이지만, 필요한 사람에게 나누어 주면 짐이 다시 제 역할을 하는 물건이 돼요. 그래서 서로 필요 없는 것은 필요한 물건과 바꿔 쓰고, 물려 쓰며 짐이 되지 않게 해야 하지요.

075

쓰레기가 돈이라고?

분리수거 하는 곳에 가 보면 병, 캔, 종이, 플라스틱 등이 잘 분리되어 있어요. 재활용을 위해 같은 것끼리 나누어 놓는 것이지요. 그리고 이것들은 새로운 물건으로 다시 태어나요. 쓰레기도 잘 버려지면 자원이 된답니다.

6장
안전 습관

076

스몸비는 그만!

길을 걷다 보면 핸드폰을 보며 걷는 사람들을 많이 볼 수 있어요. 그러다 넘어지기도 하고, 신호가 바뀐 것을 보지 못해 빵빵 소리에 깜짝 놀라기도 해요. 길을 걸을 때는 핸드폰은 가방에! 주변을 살피며! 걸어요.

차도에 뛰어들지 않기

공이나 장난감 등을 들고 가다가 잘못 떨어뜨려 차도로 나가게 되면 달려오는 차는 보지도 않고 무작정 공이나 장난감을 향해 따라가는 경우가 많아요. 이것은 굉장히 위험한 행동으로 절대 하지 말아야 한답니다.

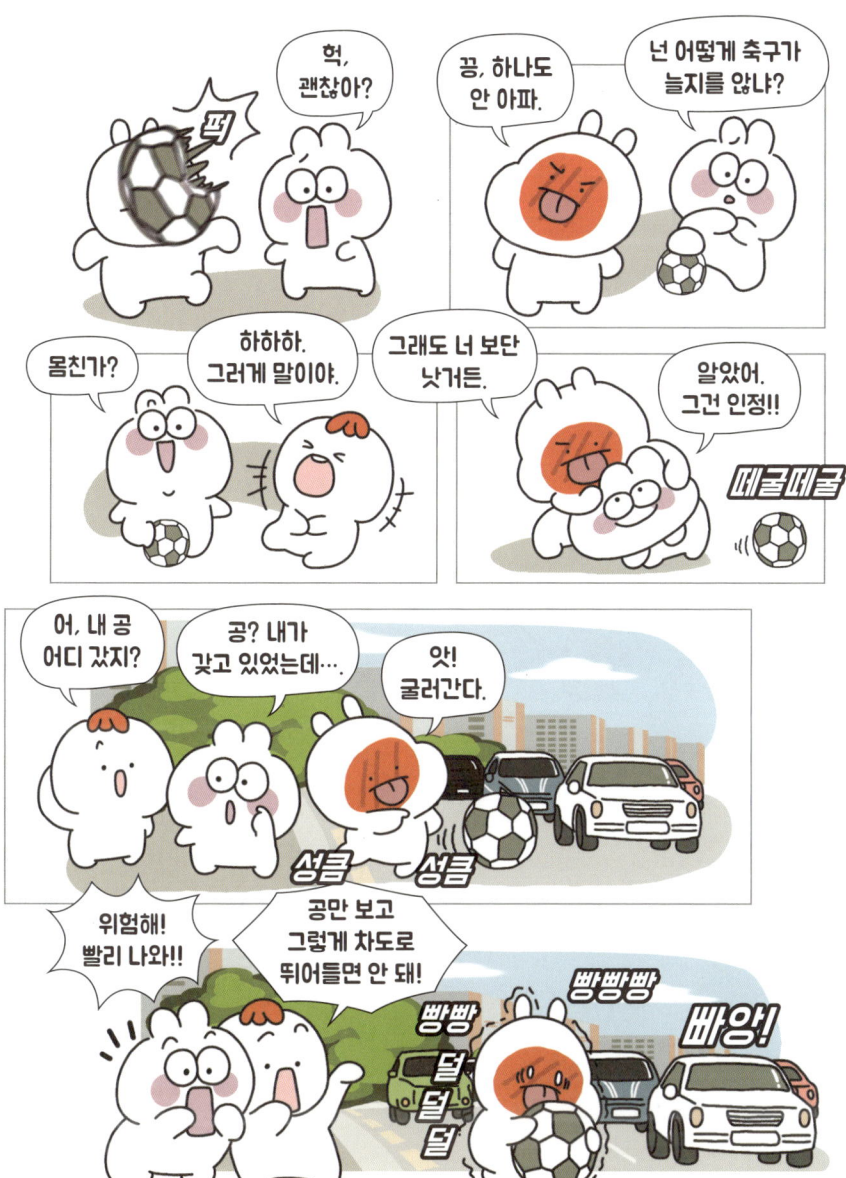

건강을 지키는 예절

기침이나 재채기를 할 때 바이러스도 함께 퍼지게 돼요. 그래서 다른 사람과 있을 때는 코와 입을 가려 침이나 콧물이 튀지 않게 하고, 손을 자주 씻어 손에 묻은 세균과 바이러스를 닦아내야 하지요.

079

안전한 장난감 고르기

때때마다 유행하는 장난감이 있어요. 유행할 때는 많은 회사에서 유사한 제품들이 쏟아져 어떤 것이 좋은 제품인지 구별하기 힘들어요. 그래서 장난감을 고를 때는 제품 설명도 꼼꼼히 확인해야 한답니다.

투명 우산 쓰기

비가 오는 흐린 날에는 밝은색 옷과 투명 우산을 쓰는 것이 좋아요. 그래야 차량 운전자가 쉽게 발견할 수 있어 사고를 예방할 수 있어요. 또 투명 우산을 쓰면 시야를 가리지 않아 스스로 조심할 수 있지요.

문 잡아 주기

많은 사람이 오가는 문을 드나들 때는 내가 나온 후에도 잠시 문을 잡아 뒷사람이 문을 잡을 시간을 주어야 해요. 만약 뒷사람을 보지 않고 문을 놓아 버린다면 문이 닫히며 뒷사람이 문에 부딪혀 다칠 수 있답니다.

082

주인에게 묻고 만지기

강아지나 고양이는 언제 봐도 귀여워요. 귀여운 마음에 무작정 달려가 만지려다 보면 물리거나 할퀴는 사고를 당할 수도 있어요. 애완동물을 만질 때는 주인에게 먼저 묻고 허락하면 그때 안전하게 만져요.

과학실 안전 수칙 지키기

과학실에는 인체 모형부터 다양한 실험 기구들까지 신기한 것들로 가득해요. 하지만 화학 약품과 유리로 된 기구들은 위험할 수 있어 주의해서 다뤄야 하지요. 선생님 말씀에 따라 안전하게 실험해요.

084

복도에서 뛰지 않기

기다란 복도는 친구들과 장난치기도 좋고, 한꺼번에 많은 학생이 오가기 때문에 부딪히기 쉬워 생각보다 많은 사고가 일어나요. 계단 또한 넘어지면 큰 사고로 이어질 수 있어 특히 조심해야 하지요.

대중교통 안전하게 이용하기

많은 사람이 함께 이용하는 버스나 지하철을 이용할 때는 빈자리가 있으면 앉고, 자리가 없으면 손잡이를 꼭 잡고 있어야 안전해요. 또, 버스가 완전히 멈춘 후 문이 열리면 천천히 내리고, 가방 등이 문에 끼이지 않게 조심해요.

초판 5쇄 2025년 6월 9일
초판 1쇄 2022년 1월 21일

글그림 이수인

펴낸이 정태선
펴낸곳 파란정원(자매사 책먹는아이)
출판등록 제395-2010-000070호
주소 서울시특별시 은평구 가좌로 175, 5층
전화 02-6925-1628 | **팩스** 02-723-1629
제조국 대한민국 | **사용연령** 8세 이상 어린이
홈페이지 www.bluegarden.kr | **전자우편** eatingbooks@naver.com
종이 다올페이퍼 | **인쇄** 조일문화인쇄사 | **제본** 경문제책사

글·그림ⓒ이수인 2022
ISBN 979-11-5868-227-9 73370

이 책은 저작권법에 따라 보호받는 저작물이므로 무단 전재와 무단 복제를 금지하며,
이 책 내용의 전부 또는 일부를 이용하려면 반드시 저작권자와 파란정원(자매사 책먹는아이)의 동의를 얻어야 합니다.
*잘못된 책은 구입하신 서점에서 바꿔 드립니다.

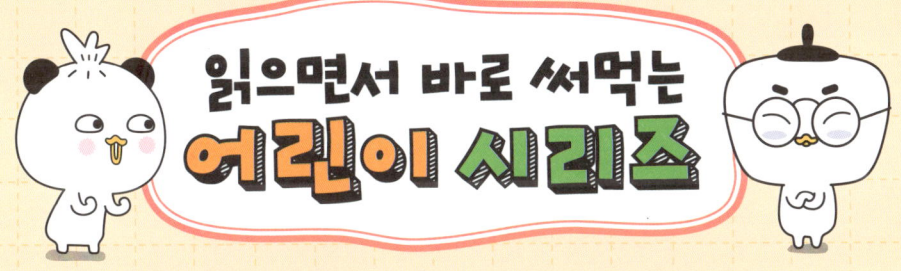

읽으면서 바로 써먹는 어린이 시리즈

〈읽으면서 바로 써먹는 어린이 시리즈〉는 아이들이 좋아하는 귀엽고 깜찍한 찰이 패밀리의 이야기로, 만화라는 형식에 담아 부담 없이 자꾸 손이 가는 책이 되어 재미있게 읽고 또 읽으며 맞춤법과 상식을 배우고, 속담, 관용구, 고사성어, 영단어가 자연스럽게 입에서 툭 튀어나오게 합니다.

한날 외 글·그림 | 초등 전학년

'왜 그럴까?'에서 시작하는
아주 기특한 상식 이야기

〈초등학생이 딱 알아야 할 상식 시리즈〉는 교과서 속에 실린 내용을 중심으로
우리가 꼭 알아야 할 과목별 상식 이야기를 담고 있습니다.
'왜 그럴까?'라는 호기심에 대한 궁금증을
쉬운 설명과 재미있는 일러스트로 알려 주어
외우려고 노력하지 않아도 개념과 원리를 쉽게 이해할 수 있습니다.

조영경 외 글 | 홍나영 그림 | 224쪽 | 각 권 13,000원